Feedbackkompetenz für Führungskräfte
Michael Lorenz
Ilona Haselbach

Michael Lorenz
Ilona Haselbach

Feedbackkompetenz für Führungskräfte

3. Auflage

Copyright © 2017, 2020, 2026
Michael Lorenz, Ilona Haselbach Autoren
grow.up. Managementberatung GmbH
Quellengrund 4, 51647 Gummersbach
lorenz@grow-up.de, haselbach@grow-up.de
Tel.: 02354/70890-0
www.grow-up.de
Redaktion: Ilona Haselbach, grow.up.
Managementberatung GmbH
Cover: Bilderstellung mit KI/ChatGPt

3. Auflage 2026

ISBN-13: 978-1548914868
Imprint: Independently published

Inhaltsverzeichnis

Vorwort

Ich weiß nicht was ich gesagt habe, bevor ich die
Antwort meines Gegenübers gehört habe.

Paul Watzlawick

„Kein Feedback bekommt man nie" heißt es. Doch es ist die
Kunst, zur richtigen Zeit den richtigen Ton zu finden, die das
Feedbackgeben zu einem gewinnbringenden Instrument Ihrer
Führungsarbeit macht. Anerkennung so zu äußern, dass Ihr
Mitarbeiter sie als motivierend aufnimmt, Kritik in einer Form
anzubringen, dass sie als konstruktiv aufgenommen wird, ist
das Ziel.

Mit wertvollem Basiswissen rund um das Thema Feedback
möchten wir Sie dabei unterstützen, sich auf Feedbackgespräche professionell vorzubereiten, um sie souverän und
gekonnt durchführen zu können sowie den größtmöglichen
Nutzen für Sie als Feedbackgeber, aber natürlich auch den
Empfänger, zu erreichen.

Im Detail erfahren Sie,

- was genau Feedback ist und welchen Nutzen Sie und
  Ihr Mitarbeiter davon haben,
- wie Sie sich auf das Feedbackgeben vobereiten und
  das Gespräch strukturiert sein sollte,
- welche Regeln es für das Geben von Feedback gibt,
- wie Sie kompetent Anerkennung und Kritik aussprechen und auf die Reaktionen von Mitarbeitern
  vorbereitet sind,
- wie Sie anhand eines Persönlichkeitsmodells Ihre Mitarbeiter noch besser einschätzen lernen können, um
  noch passender und verständlicher Feedback geben zu
  können,

- wie Sie Ihre Feedbackgespräche professionell nachbereiten und dokumentieren,
- welchen Einfluss Ihre Art zu kommunizieren auf Ihre Gesprächsergebnisse hat und wie Sie das Kommunikationsmittel Frage gezielt anwenden können.

Zusätzlich enthält unser Buch einen kleinen Exkurs, in dem wir die Besonderheiten der sogenannten Generationen Y und Z betrachten und den ihr nachgesagten Wunsch nach ständigem Feedback.

Wie in jedem unserer Bücher stellen wir Ihnen jede Menge Tipps und Checklisten zur Verfügung, die Ihnen für Ihre Feedbackgespräche als wertvolle Hilfestellungen dienen sollen. Alle Checklisten können Sie sich auch im Downloadbereich der grow.up. Managementberatung GmbH herunterladen. Zugangsdaten finden Sie am Ende dieses Buches.

Ohne Zweifel halten Sie das richtige Nachschlagewerk in den Händen, um sich für Ihre ersten Feedbackgespräche so professionell zu wappnen, dass sie diese gelassen und gekonnt angehen können.

Wir wünschen Ihnen viel Freude beim Feedback geben!

Michael Lorenz   Ilona Haselbach

Gummersbach, im Februar 2026

Hinweis: Wir nutzen in diesem Buch männliche und weibliche Formen, ohne dass dies eine Bevorzugung oder Zurücksetzung einer Geschlechterform darstellen soll. Es ist in allen Ausführungen aber sinngemäß immer die männliche und weibliche Form gemeint.

Feedbackkompetenz für Führungskräfte – Die Kunst, richtig Feedback zu geben

Ihr wichtigstes Führungsinstrument ist das Gespräch mit Ihren Mitarbeitern. Alle Gespräche zwischen Ihnen und Ihren Mitarbeitern, die über die routinemäßige Alltagskommunikation hinausgehen und einen ganz bestimmten, vorher definierten Zweck verfolgen, gelten in unserem Sinne als Mitarbeitergespräche. Sie geben sowohl Ihnen, als auch Ihren Mitarbeitern Orientierung, Identifikation und Klarheit für das Erreichen von Zielen und für ihre Entwicklung.

Ein Feedbackgespräch ist eine weitere Form des Mitarbeitergesprächs. DAS EINE Mitarbeitergespräch, so wie es häufig umgangssprachlich bezeichnet wird, gibt es in unserem Verständnis nicht. Wir kennen verschiedenste Arten von Mitarbeitergesprächen, deren Übergänge oft fließend und manche auch fast deckungsgleich sind. Zielvereinbarungsgespräche, Beurteilungs-, Motivations-, Delegations-, Konflikt- oder Kündigungsgespräche sind nur einige Bespiele. Eines haben sie aber in jedem Fall gemeinsam: Der entscheidende Erfolgsfaktor für all Ihre Mitarbeitergespräche ist die richtige Gesprächsführung!

Feedback – Was ist das?

Feedback gehört zu den Grundlagen zwischenmenschlicher Kommunikation. Es handelt sich dabei um eine Rückmeldung an eine Person, über deren Verhalten, ihre Leistungen und wie diese wahrgenommen und erlebt werden. Feedback kann genutzt werden, um Missverständnisse zu klären, sich anbahnende Konflikte frühzeitig zu erkennen und Lösungen zu finden oder Ansprüche und Erwartungen zu formulieren. Des Weiteren unterstützt es das gegenseitige Verständnis und hilft dabei Vertrauen aufzubauen.

Ziele und Nutzen von Feedbackgesprächen

Das Feedbackgespräch als Instrument der Mitarbeiterführung und -entwicklung, dient dazu, Leistungen zu verbessern und Mitarbeiter zu motivieren.

Der Nutzen für den Mitarbeiter besteht darin, dass er erfährt, wo er bezüglich seiner Leistungen oder seines Verhaltens steht. Indem Sie ihm Rückmeldung über sein Verhalten und seine persönlichen Stärken und Schwächen geben, erhält er einerseits eine klare Orientierung hinsichtlich seiner Leistungen, Aufgaben und Ziele. Andererseits gewinnt er Klarheit über Konsequenzen und mögliche Veränderungen, bei hervorragenden Leistungen oder auch Leistungsmängeln.

Die Ziele und der Nutzen können vielfältig sein:

- Lernen aus Fehlern (anhand konkret geschilderter Situationen)
- Probleme kommen auf den Tisch
- Problemlösung setzt Energie frei
- Verstärken positiver Verhaltensweisen/Eigenschaften
- Veränderungen unterstützen

- Austausch über das Empfinden zu einer bestimmten Sache

- Anregen eines Perspektivwechsels

- Mitteilen von Wertvorstellungen

- Intensivierung der Beziehung

- Etwas über die eigene Person lernen/Fremdbild

Jeder Mitarbeiter hat nach unserem Verständnis das Recht darauf, mindestens einmal, besser zweimal im Jahr im Rahmen eines fest vereinbarten Gesprächstermins Rückmeldungen zu seiner Leistung und zu seinem Verhalten zu bekommen.

Noch sinnvoller ist es allerdings, wenn Sie sich mit Ihren Mitarbeitern in einem ständigen Feedbackprozess befinden, d. h. dass Feedback zusätzlich zu den vereinbarten Terminen häufiger auch ohne größeren Anlass erfolgt. Nur so besteht eine Chance, die gewünschten bzw. vereinbarten Änderungen, Verbesserungen oder Steigerungen bei Ihren Mitarbeitern auch nachhaltig zu erreichen. Besonders bei kritischen Themen sollten Sie niemals bis zum nächsten vereinbarten Gesprächstermin warten, sondern für eine zeitnahe Klärung sorgen. Oft hilft nur der aktuelle Bezug zum Tagesgeschäft, damit Ihre Mitarbeiter die notwendige Einsicht erlangen. Manchmal kann ein Feedback auch nur ein kurzes Gespräch sein, ganz „inoffiziell" und spontan z. B. in der Kantine.

Tipp:

Sie sollten im Gespräch mit Ihrem Mitarbeiter unbedingt vermeiden, die Rolle des „Besserwissers" einzunehmen. Denken Sie immer daran, dass es nicht darum geht, Ihren Mitarbeiter zu belehren, sondern vielmehr darum, mit ihm gemeinsam zu erarbeiten, wie er seine Aufgaben noch erfolgreicher erledigen kann.

Gesprächsvorbereitung

Haben Sie mit Ihrem Mitarbeiter einen Termin für ein ausführliches Feedbackgespräch vereinbart, gehen Sie bitte nicht unvorbereitet in dieses Gespräch. Ihre Vorbereitung betrifft die Gesprächsziele, die Struktur und die Rahmenbedingungen des Gesprächs. Eine gute Vorbereitung wird sich maßgeblich auf den Gesprächserfolg und den Grad Ihrer Zielerreichung auswirken. Es heißt nicht umsonst, dass eine gute Vorbereitung schon 50 % des Erfolgs ausmacht. Je wichtiger ein Gespräch ist, desto besser sollten Sie sich darauf vorbereiten.

Zu Ihrer Vorbereitung gehört grundsätzlich:

- Klären von Ort und Zeit
- Themen festlegen
- Einladung des Mitarbeiters
- Beschaffen bzw. Vergegenwärtigen von Informationen
- Vorbereiten der Unterlagen
- Klären der eigenen Interessenlage
- Klären der Zielsetzung des Gesprächs
- Skizzieren der Gesprächsstruktur
- Gedanken machen zu Zielen und Persönlichkeit des Mitarbeiters

Stellen Sie schon bei Ihrer Vorbereitung sicher, dass Sie nicht unnötig unterbrochen werden – wir alle wissen, wie störend hereinplatzende Kollegen oder klingelnde Telefone und Handys sind.

Wenn Sie sich in diesem Gespräch wirklich auf Ihren Mitarbeiter konzentrieren, signalisieren Sie ihm Ihre Wertschätzung und Ihren Respekt. Ein ruhiger Raum ist deshalb unabdingbar, um nicht aus dem Gesprächsfluss herausgerissen zu werden.

Die folgende Checkliste verfeinert und unterstützt Ihre Vorbereitung:

Checkliste: Gesprächsvorbereitung

Frage	Antwort
Zu welchem Thema führen wir das Gespräch?	
Welche Ziele habe ich?	
Welche Interessen verfolge ich?	
Was muss/was kann erreicht werden (minimal/maximal Lösung)?	
Welches sind meine wichtigsten Argumente?	
Welche Informationen fehlen mir? Woher bekomme ich sie?	
Was soll der Gesprächspartner aus dem Gespräch mitnehmen?	
Welcher Gesprächstyp ist mein Gesprächspartner?	

Welche Ziele, Wünsche hat er? Wie stehe ich zu diesen?	
Welche Fragen müssen wir klären?	
Mit welchen Fragen, Widerständen, Gegenargumenten, Ängsten muss ich rechnen?	
Wie viel Zeit muss ich einplanen?	
Ist der Raum/die Ausstattung organisiert?	
Sind alle nötigen Unterlagen vorhanden/im Vorfeld verteilt worden?	
Welche Störungen können auftreten? Wie können wir sie vermeiden?	

Gesprächsstruktur

Um ein Gespräch effektiv – im Sinne aller Beteiligten – zu gestalten, bedarf es vor allem eins: Struktur. Diese gibt den Rahmen für den Gesprächsaufbau und Ablauf vor.

Wie auch in anderen Gesprächssituationen ist es von Vorteil, wenn Sie nicht mit der Tür ins Haus fallen. Geben Sie Ihrem Gesprächspartner und sich einen Augenblick Zeit, in die Situation zu finden. Ein wenig Small Talk ist das beste

Mittel für den Einstieg, und um eine angenehme Gesprächsatmosphäre zu schaffen.

Wenn Sie sich an nachfolgende Struktur halten, sind Sie für Ihr Gespräch gut vorbereitet:

1. Einstieg, Herstellen einer angenehmen Gesprächsatmosphäre.
2. Anlass des Gesprächs benennen.
3. Vereinbarungen treffen über Gesprächsziele, Vorgehensweise und Zeitrahmen.
4. Ggf. Erläuterung der einzusetzenden Formulare.
5. Sicht des Mitarbeiters zum Thema erfragen.
6. Besprechen Ihrer Einschätzung bzw. Meinung zu den Themen.
7. Gemeinsame Erarbeitung von Lösungen, Maßnahmen, Vereinbarungen.
8. Zusammenfassen der Ergebnisse des Gesprächs.
9. Ggf. schriftliche Dokumentation.
10. Ggf. Vereinbaren von Terminen für nächste Gespräche.

Tipp: Roter Faden

Ein einfaches Schema für einen roten Faden im Gesprächsverlauf, wenn Sie dem Mitarbeiter Feedback geben, ist die Basisstruktur: Rückblick – Ist-Zustand – Ausblick.

Grundsätzliche Regeln zum Feedback geben

1. Beschreiben und nicht „verurteilen"

Formulieren Sie Eindrücke, Beobachtungen aus der eigenen Wahrnehmung („Ich denke, dass ...") und nicht als verurteilende Kritik („Du hast ..."). Beziehen Sie sich immer auf ein konkretes Verhalten, nicht auf die Persönlichkeit Ihres Gegenübers.

2. „Ich" statt „Man" – Botschaften

Formulieren Sie „Ich-Botschaften", zum Beispiel: „Ich habe den Eindruck gewonnen, dass ...", „Bei mir löst das Verhalten ... diese oder jene Reaktion aus."

3. Beobachtungen in Bezug zu Position und Aufgaben setzen

Bringen Sie Beobachtungen zur Person (bestimmte persönliche Eigenheiten etc.) immer in Beziehung zu den Erwartungen, die mit einer bestimmten Stelle, welche die Person innehat, verknüpft sind (bestimmte Leistungsvorstellungen, Verhaltensweisen etc.).

4. Keine „Wahrheitssuche"

Gehen Sie immer davon aus, dass weder Sie noch der andere eine objektive Sicht der Dinge hat. Es geht nicht um richtig oder falsch, sondern darum zu verdeutlichen, wie etwas auf Sie wirkt, positiv oder negativ, was Sie akzeptieren können und was nicht. Suchen Sie nicht danach, was die „Wahrheit" ist. Wenn Sie es dahin bringen, dass Ihr Mitarbeiter darüber nachdenkt, wie Sie zu Ihrer Sichtweise kommen haben Sie viel erreicht.

5. „Du" bist ok, „das" ist nicht ok

Viele Menschen haben Schwierigkeiten, den Unterschied zwischen ihren Leistungen und Verhaltensweisen und ihrer Person zu sehen. Machen Sie bitte deutlich, dass Sie ein Feedback zum Verhalten, zur Art und Weise des Vorgehens, zur Leistung oder zum Ergebnis geben. Verdeutlichen Sie, dass dieses Feedback keine Einschränkung Ihrer Akzeptanz und Wertschätzung der Person des Gegenübers ist.

6. Rechtfertigungen

Wenn Sie beim Gesprächspartner die Tendenz zur Rechtfertigung beobachten, verstärken Sie diese nicht, sondern sprechen Sie diese offen an: „Ich höre heraus, dass meine Rückmeldungen bei Ihnen als Vorwurf ankommen. Warum ist das so?"

7. Zeit lassen zu akzeptieren

Drängen Sie nicht darauf, dass Ihr Gesprächspartner Ihre Rückmeldungen sofort akzeptiert. Eine Diskrepanz zwischen Selbst- und Fremdbild ist immer irritierend. Fordern Sie daher von Ihrem Gesprächspartner keine sofortige Übernahme Ihrer Sichtweise.

8. Entwicklungswillen anbieten

Vergewissern Sie sich, dass Ihr Gesprächspartner Ihre Rückmeldungen überhaupt hören will. Zum Beispiel: „Dies ist keine Beurteilung.", „Ich möchte, dass wir einander in unseren Reaktionen besser verstehen.", „Ich möchte die Ursache für mögliche Missverständnisse beseitigen."

9. Wenn Sie selbst Feedback bekommen, bedanken Sie sich dafür

Zeigen Sie Dankbarkeit für das, was Sie von anderen an Feedback erfahren, auch wenn Ihnen die Botschaft vielleicht nicht gefällt. Zum Beispiel: „Es hilft mir zu hören, wie Sie mich erleben. Jetzt werden mir einige Ihrer Reaktionen klarer und verständlicher." – "Es macht mich nachdenklich, was Sie da sagen."

WWW.Feedback.de

Um die bereits vorgestellten Regeln und Empfehlungen zum Feedbackgeben auch für Sie leicht umsetzbar zu machen, möchten wir Ihnen eine Formel vorstellen, die besonders einfach anzuwenden ist.

Um Feedback richtig zu kommunizieren, ohne bei Ihrem Gegenüber Ablehnung oder Kränkungen auszulösen, gibt es (siehe auch Sandwichmodell, S. 24) einige Punkte zu beachten:

Insbesondere spontane Rückmeldungen sind oft gut gemeint, aber genauso oft nicht klar genug formuliert, um einen gewinnbringenden Austausch darüber in Gang zu bringen. Richten Sie ein gezieltes Augenmerk auf Ihre eigene Wahrnehmung und legen Sie so den Grundstein für eine wertschätzende Gesprächsführung. Ein bewusst formuliertes Feedback gegenüber Ihren Mitarbeitern – frei von Wertungen oder Interpretationen – hilft Ihnen dabei, Ihr eigenes Verhalten zu erkennen und Veränderungen anzustoßen.

Wir empfehlen Ihnen daher die einfache Formel:

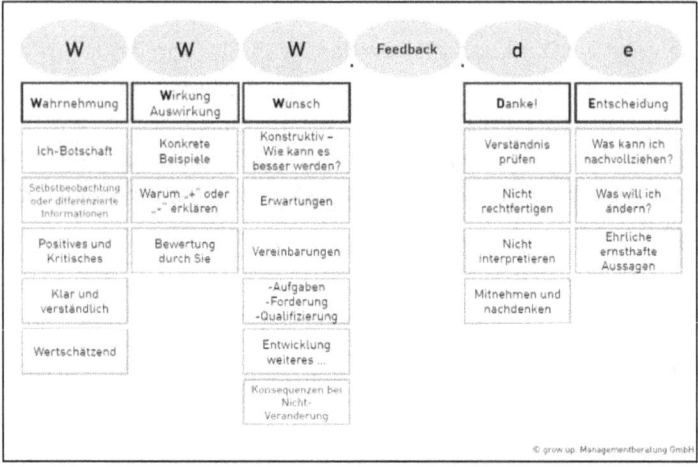

Abb. 1: www.feedback.de

WWW – Die drei Stufen für ein kritisches Feedback

W – Wahrnehmung

Beschreiben Sie Ihrem Mitarbeiter wertfrei was Sie beobachtet haben und was Ihnen dabei aufgefallen ist. Wichtig dabei ist, dass Ihnen konkrete und überprüfbare Informationen vorliegen. Beispiel: „Mir ist aufgefallen, dass in den letzten Tagen mehrfach wichtige Informationen nicht rechtzeitig weitergegeben worden sind." **Beziehen Sie die Sichtweise Ihres Mitarbeiters mit ein, indem Sie nachfragen, was der Grund dafür war.**

W – Wirkung

Beschreiben Sie nun, welche Wirkung oder Folge das Verhalten des Mitarbeiters hat. „Das hatte zur Folge, dass diese

Informationen bei einem Kundentermin gefehlt haben. Das hat Ihren Kollegen vor Ort nicht nur in eine unangenehme Situation gebracht, sondern ich finde das sehr bedauerlich. Ich habe Ihre Zuverlässigkeit bisher immer sehr geschätzt." **Fragen Sie anschließend unbedingt nach, ob Ihr Mitarbeiter Ihre Aussage nachvollziehen kann.**

W – Wunsch

Formulieren Sie gegenüber Ihrem Mitarbeiter Ihren Wunsch, was sich verändern sollte. Im Falle unseres bisherigen Beispiels, also den Wunsch, dass er ab sofort wieder darauf achten muss, dass Informationen zeitnah weitergeben werden. **Schaffen Sie zusätzliche Verbindlichkeit, indem Sie eine klare Vereinbarung dazu treffen.** „Lassen Sie uns für die Zukunft vereinbaren, dass Informationen zu einem Kunden innerhalb einer Stunde an die zuständigen Kollegen weitergeleitet werden müssen."

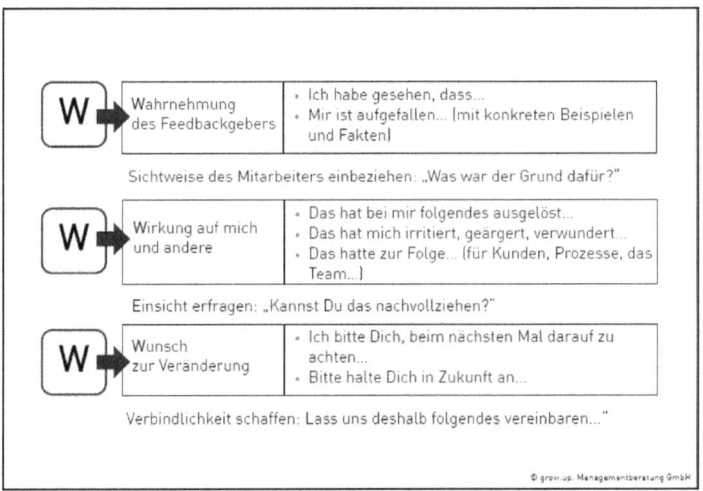

Abb. 2: Die 3 Stufen für ein kritisches Feedback

WWW – Die drei Stufen im Anerkennungsgespräch

So setzen Sie die drei „W´s" erfolgreich in Anerkennungsge-
sprächen ein:

W – Wahrnehmung: „Ich habe Ihre guten Verkaufszahlen
von vergangenem Monat gesehen."

W – Wirkung: „Das hat mich sehr gefreut! Dadurch haben
Sie deutlich zur Erreichung des Quartalziels Ihrer Abteilung
beigetragen."

**W – Wirken lassen (und ggf. nach einer gewissen Pause
positiv verstärken):** „Es war mir wichtig, Ihnen das auch per-
sönlich zu sagen. Mir ist Ihr Engagement nicht entgangen."

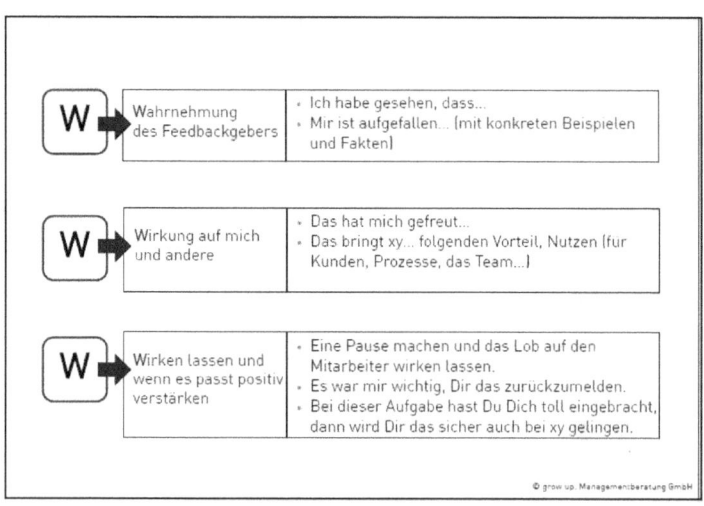

Abb. 3: Die 3 Stufen im Anerkennungsgespräch

„DE": Feeback annehmen

Natürlich erhalten auch Sie immer wieder Feedback von
Ihren Mitarbeitern und so kommen Sie in die Situation, dass

Sie sich selbstkritisch fragen müssen: Wie gut kann ich eigentlich mit Feedback umgehen, auch wenn es einmal Kritik enthält? Rechtfertigen Sie sich? Die gute Nachricht ist: Sie müssen nicht sofort reagieren und Sie müssen die Sichtweise Ihres Gegenübers auch nicht teilen. Stehen Sie auch kritischem Feedback offen gegenüber.

D – Danken

Ganz egal, ob Sie die Aussage Ihres Gegenübers nachvollziehen können oder nicht: Bedanken Sie sich für das Feedback. Nehmen Sie einfach nur an, dass ihm das Thema wichtig ist. „Vielen Dank für Ihre Rückmeldung dazu. Ich merke, dass die Angelegenheit für Sie von großer Bedeutung ist."

E – Entscheiden

Wägen Sie für sich ab, ob das Feedback hilfreich für Sie ist. Wenn ja, denken Sie darüber nach, was wie künftig verändert werden kann oder worauf Sie achten wollen. Wenn nicht, bleibt es dabei, dass Sie sich für das erhaltende Feedback bedanken.

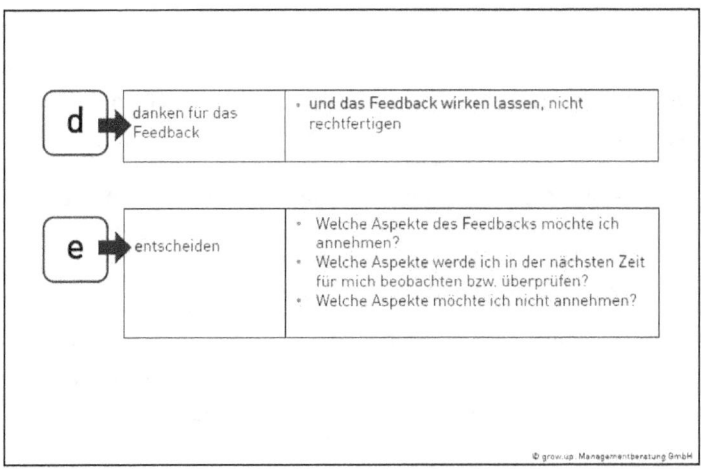

Abb. 4: Feedback annehmen

Anerkennung und Kritik aussprechen

Feedbackgespräche sind für Führungskräfte angenehm und leicht zu führen, solange es darum geht, dem anderen etwas positives zu sagen und ihm für seine Leistung Anerkennung auszusprechen. Viel schwieriger gestalten sich Gespräche, wenn es darum geht, kritisches Feedback zu geben.

Mit folgenden Anregungen wird Ihnen das Aussprechen von Anerkennung und auch Kritik gut gelingen.

Erkennen Sie gute und weniger gute Leistungen ...

- ... möglichst sofort an.
- ... konkret, klar und eindeutig an.
- ... angemessen und sachlich an.
- ... bzw. das Verhalten und nicht die ganze Person an.
- ... und nicht nur herausragende Leistungen an.
- ... nicht vor anderen an.
- ... öfter an.

So wird die Anerkennung von Leistungen eines Ihrer wichtigsten Motivationsmittel.

Beantworten Sie in Ihrem Feedback die folgenden Fragen:

- Was ist gut?
- Warum ist es so gut (nicht so gut) gelungen?
- Was können wir noch besser machen, egal ob etwas gut oder weniger gut gelungen ist? (Mit dieser Frage vermeiden Sie die Gefahr, gute Mitarbeiter nicht zu fördern, weil sie ja gut sind.)
- Wie können wir es noch besser machen?

- Was muss ich tun, um den Mitarbeiter dabei zu unterstützen?

Damit auch Kritik oder ein Kritikgespräch zu einem Entwicklungs- und Förderungsgespräch werden kann, kritisieren Sie ...:

- ... nicht die Person, sondern nur bestimmte Leistungen oder Verhaltensweisen.
- ... niemanden vor anderen Mitarbeitern oder Vorgesetzten.
- ... möglichst bald, nachdem sich ein Anlass gezeigt hat, aber nicht im Affekt.
- ... glaubhaft und sachlich.
- ... konstruktiv, d. h. leisten Sie durch Ihre Kritik Hilfestellung.

Gerade in Kritikgesprächen gilt die Zielsetzung, konstruktiv vorzugehen und Veränderungen zu erreichen. Weisen Sie Ihren Mitarbeiter schon zu Beginn auf das gemeinsame Interesse Fehler zu vermeiden hin. Klären Sie danach folgende Fragen:

- Welche Probleme liegen vor?
- Warum liegen diese Probleme vor?
  - o Sie können dem Kritisierenden aus seiner Sicht Recht geben.
  - o Sprechen Sie deutlich aus, in welchen Punkte Sie die Meinung ihres Gegenübers teilen.
  - o Dann können Sie ihre eigene Meinung und Argumentation äußern.
- Wie können wir gemeinsam in Zukunft diese oder ähnliche Probleme vermeiden?

Bei Menschen, die empfindlich auf Rückmeldungen reagieren, die ein hohes Bedürfnis nach Anerkennung haben und in den Augen der Anderen perfekt sein wollen, ist es wichtig, die Gefahr, dass Aussagen ungünstig formuliert, falsch oder anders verstanden und als persönlicher Angriff erlebt werden, weiter zu minimieren. Dazu kann es sinnvoll sein, neben den oben vorgestellten Regeln auch nach dem Sandwich-Modell vorgehen (Abb. 5). Vermeiden Sie es, erst alle positiven und dann alle kritischen Aspekte zu benennen. Das positive Feedback verliert für Ihr Gegenüber dadurch an Wert. In der Erinnerung bleibt das Kritische, die Schwächen.

Das Vorgehen nach dem Sandwich-Modell ist eine Kombination von positiven und kritischen Aspekten. Der Mitarbeiter kann Kritik leichter annehmen und sieht seine Stärken, aber auch seinen Veränderungsbedarf klarer.

Die goldene Regel:

Das Feedback soll demjenigen, der es entgegen nimmt, nutzen!

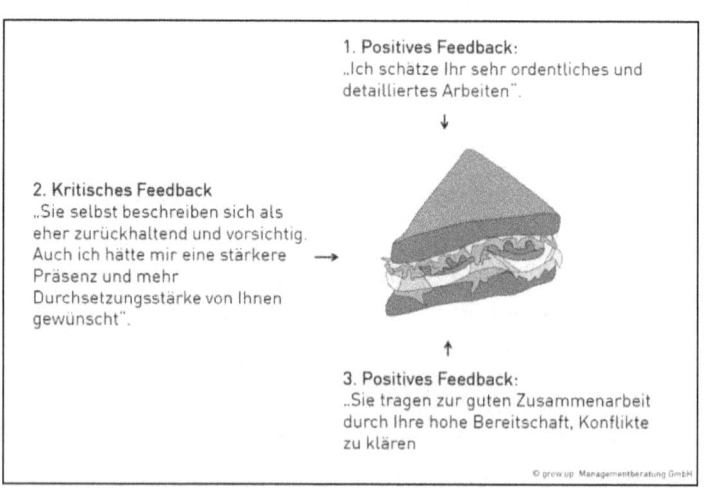

1. Positives Feedback:
„Ich schätze Ihr sehr ordentliches und detailliertes Arbeiten".

2. Kritisches Feedback
„Sie selbst beschreiben sich als eher zurückhaltend und vorsichtig. Auch ich hätte mir eine stärkere Präsenz und mehr Durchsetzungsstärke von Ihnen gewünscht".

3. Positives Feedback:
„Sie tragen zur guten Zusammenarbeit durch Ihre hohe Bereitschaft, Konflikte zu klären

© grow up Managementberatung GmbH

Abb. 5: Das Sandwich-Modell

Mitarbeiterreaktionen: Wenn negatives Feedback Folgen hat

Gerade wenn Kritik oder negatives Feedback für Ihren Mitarbeiter schwerwiegende Folgen hat oder dadurch grundlegende Veränderungen für ihn anstehen, reagiert er meist erst einmal mit Ärger oder Ablehnung, bis es ihm irgendwann möglich ist, die Dinge so anzunehmen, wie sie nun einmal jetzt sind. Auf dem Weg dorthin kann es sein, dass Ihr Mitarbeiter regelrecht in eine emotionale Krise gerät. Damit Sie als seine Führungskraft darauf vorbereitet sind, indem Sie nachvollziehen können, welche Phasen Ihr Mitarbeiter emotional durchläuft, möchten wir Ihnen nachfolgend ein Modell vorstellen, dass von der Wissenschaft (aus dem amerikanischen kommend) als SARA-Modell bezeichnet wird.

SARA ist ein englisches Akronym für die vier Phasen

- **S**hock (Schock)

- **A**nger (Wut)

- **R**esistance (Widerstand)

- **A**cceptance (Akzeptanz)

des möglichen Reaktionsspektrums. Es stellt das relativ vorhersagbare Muster von emotionalen Reaktionen dar, dass Menschen fühlen, wenn sich etwas ereignet, dass sie nicht erwartet haben oder auch ein unerwartetes (negatives) Feedback erhalten haben.

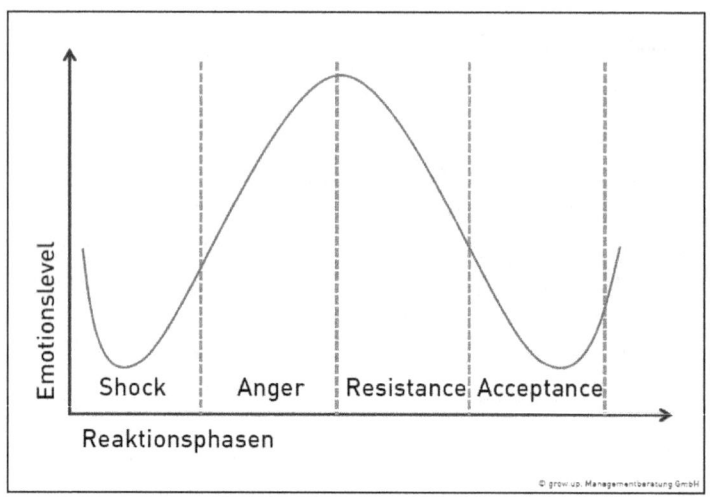

Abb. 6: Das SARA-Modell

Shock:
Bekommt man negatives Feedback und es trifft einen unvorbereitet, ist die erste Reaktion meist Schock. Kennzeichnend für diese Phase sind Aussagen wie: „Das kann nicht sein! Das muss ein Irrtum sein!"

Anger:
Sind die Bedeutung und die Auswirkungen des negativen Feedbacks gesackt, wird aus dem anfänglichen Schock auch schnell Wut. Da es unangenehm ist, sich selbst kritisch zu hinterfragen, wird typischerweise erst einmal die Schuld bei anderen gesucht: „Das haben die Kollegen sicher verbockt!", „Unter diesen schlechten Umständen kann ja nichts anderes herauskommen!".

Resistance:
Die nächste Phase ist der Widerstand, denn das negative Feedback ist meist mit (vielleicht aufwendigen oder auch

unangenehmen) Veränderungen verbunden. Dies stellt für Sie als Führungskraft natürlich die anstrengendste Phase dar, denn Sie sind gefordert, Gegenargumente für Aussagen wie: „Ich bin eben wie ich bin, damit müssen Sie sich eben abfinden!", „So etwas kann niemand von mir verlangen!" zu finden.

Acceptance:
Am Ende dieser emotionalen Hochs und Tiefs folgt oft die Akzeptanz. Der Feedbackempfänger ist nun bereit, seinen Anteil an der Situation/dem Ereignis zu akzeptieren. Im besten Fall gibt er zu: „Ok, ich sehen ein, dass ich hier hätte anders reagieren müssen ..." Ab jetzt können die notwendigen Veränderungen erfolgreich umgesetzt werden.

Tipp: Eine Reaktion kann auch erst einige Zeit nach dem Gespräch erfolgen!

Im Feedbackgespräch bleiben Mitarbeiter häufig äußerlich ruhig, schließlich befindet man sich in einer Führungssituation. Viele Mitarbeiter teilen ihre wirkliche innere Haltung und ihre wahren Gedanken ihrer Führungskraft nicht mit. Halten Sie den Kontakt zu Ihrem Mitarbeiter und bitten Sie ihn ggf. zu einem weiteren Gespräch, wenn Sie den Eindruck haben, die Gefühle schwelen im Untergrund.

Persönlichkeitsorientiertes Feedback

Sie als Führungskraft wissen, dass jeder Mitarbeiter eine individuelle Persönlichkeit besitzt. Jeder von ihnen nimmt Dinge auf seine Art und Weise wahr, reagiert anders als andere Kollegen in gleichen Situationen und hegt andere Anliegen oder Befürchtungen.

Um Sie dabei zu unterstützen, Ihre Mitarbeiter noch besser einschätzen zu können, um passenderes und verständlicheres Feedback geben zu können und so bessere und wirksame Gesprächsergebnisse zu erzielen, möchten wir Ihnen ein psychologisches Modell vorstellen.

Es ermöglicht Ihnen, unterschiedliche Verhaltens-, Kommunikations- und Persönlichkeitstypen zu erkennen und ihr Verhalten auf diese besser abzustimmen. Sie gewinnen dadurch in ihrer Führung und verbessern die Qualität ihrer Kommunikation, ihrer Aussagen kommen dadurch besser beim Anderen an. Sie können mit diesem Modell auch besser verstehen, warum sich Menschen auf diese oder jene Art verhalten und können es vielleicht dadurch auch besser akzeptieren.

Das Modell erklärt Verhaltensweisen und ermöglicht Voraussagen bestimmter Verhaltenspräferenzen. Bitte bedenken Sie, dass derartige Modelle immer eine starke Vereinfachung der Realität darstellen. Dennoch können Sie uns helfen, die Entscheidungen und das Verhalten anderer Personen besser zu verstehen und den Kontakt zu ihnen zu vereinfachen.

Wie Sie in der nachfolgenden Grafik (Abb. 7) erkennen können, ist die erste Dimension mit den Polen Extraversion und Introversion beschrieben, also wie wir auf unsere Umwelt und Mitmenschen reagieren. Während extravertierte Menschen sehr gesprächig, auffallend und gesellig sind, erscheinen introvertierte Personen still, zurückhaltend, nachdenklich und beobachtend.

Die zweite Dimension gibt Auskunft darüber, wie wir Entscheidungen treffen. Ein rationaler Mensch entscheidet mit dem Kopf, er trifft sachliche und fachlich begründete Entscheidungen. Emotionale Menschen hingegen treffen stark gefühlsbetonte Entscheidungen aus dem Bauch heraus.

Die Kombination beider Dimensionen ergibt vier unterschiedliche Grundtypen. Jeder Typ ist durch eine Farbe repräsentiert (Rot, Blau, Gelb und Grün). Es gibt keine „richtigen" oder „falschen" Typen, wohl aber für manche Typen besser oder weniger gut passende Kommunikation.

Je stärker eine Dimension bei einer Person ausgeprägt ist, umso leichter lässt sie sich einer Farbe zuordnen, da sie bestimmte Verhaltensweisen und Präferenzen deutlich zeigen. Die anderen Merkmale und Präferenzen sind bei diesen Personen häufig ebenfalls vorhanden, allerdings meist weniger stark.

Auf den folgenden Seiten geben Ihnen die Grafiken einen Überblick, welche Anliegen die unterschiedlichen Typen haben, was sie sich wünschen und was sie versuchen, zu vermeiden. Vor allem auch, wie Sie welchem Typ Feedback geben sollten.

Die Verhaltenspräferenzen im Überblick:

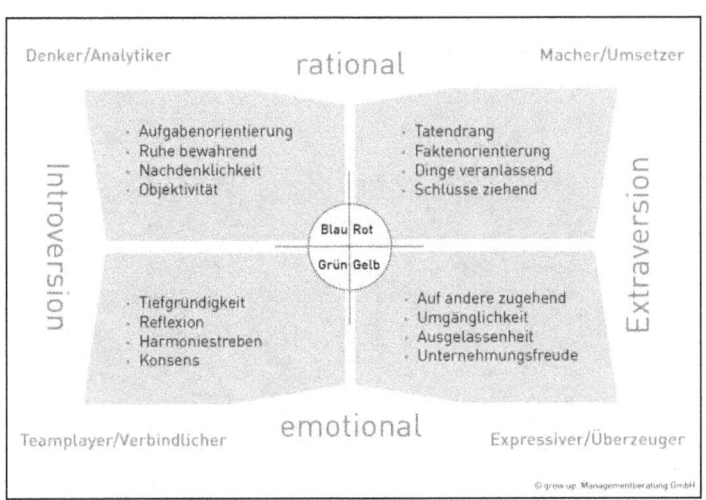

Abb. 7: Persönlichkeitstypen im Überblick

Ihre Anliegen und Befürchtungen:

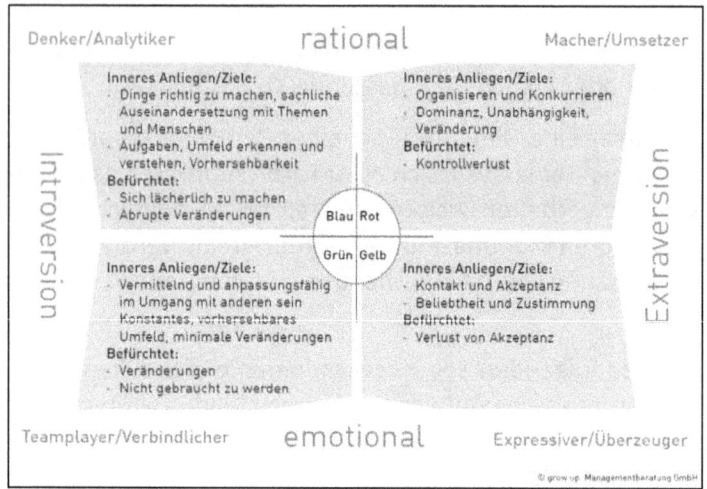

Abb. 8: Anliegen und Befürchtungen der Persönlichkeitstypen

Ihre Verhaltenspräferenzen:

Abb. 9: Verhaltenspräferenzen der Persönlichkeitstypen

Anreize für die verschiedenen Persönlichkeitstypen

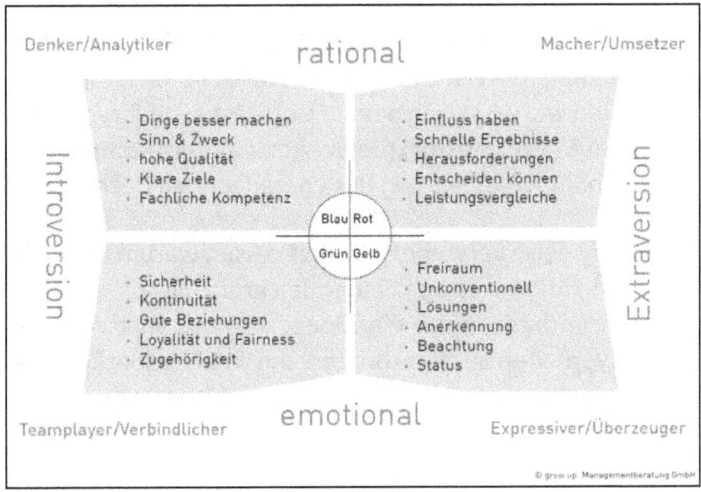

Abb. 10: Anreize für Persönlichkeitstypen

Wichtige Feedback-Tipps: Wie spreche ich mit den Typen?

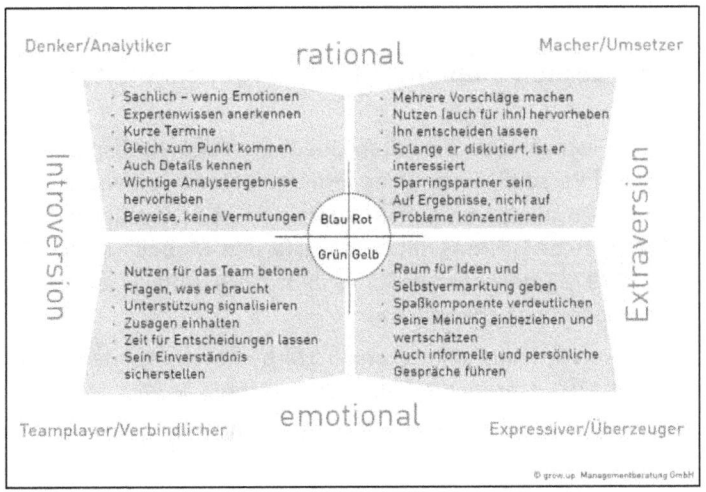

Abb. 11: Feedback-Tipps

Selbsteinschätzung

Welcher Gesprächstyp sind Sie? Versuchen Sie eine Selbsteinschätzung: Was ist charakteristisch für Ihr Gesprächsverhalten und wie wirkt sich das auf Gespräche mit Ihren Mitarbeitern aus? Welche Rückmeldungen zu Ihrem Kommunikationsverhalten haben Sie in der Vergangenheit bekommen?

Möglicherweise verstehen Sie jetzt besser, warum Ihnen die Kommunikation mit dem einen leichter fällt als mit dem anderen und gewinnen eine Idee, was Sie an Ihrem Gesprächsverhalten ändern könnten, um Ihre Feedbackgespräche effizienter, zielorientierter und wirkungsvoller zu gestalten.

Wenn Sie sich selbst z. B. eher als „Analytiker" einschätzen, wird das Kommunikationsverhalten des Freundlichen/Kümmerers Ihre Geduld und Ihr Einfühlungsvermögen besonders fordern.

Tipp: Lernen Sie mehr über Persönlichkeitstypen

Wenn Sie mehr über die unterschiedlichen Verhaltenspräferenzen und Persönlichkeitstypen lernen möchten und wie Sie mit diesen am besten umgehen empfehlen wir Ihnen unser Buch **„Erfolgreiche Führung mit dem Vierfarben-Modell"**, ISBN: 978-1540333735 bei amazon.de, in dem diese einfach und leicht anwendbar beschrieben sind.

Einen kurzen Film von uns zum Vierfarben-Modell finden Sie auf Youtube in unserem YouTube-Kanal unter:

https://www.youtube.com/watch?v=SvWVRXEq2Pk

Gesprächsnachbereitung

Haben Sie nun, nach guter Vorbereitung, ein umfassendes Feedbackgespräch mit Ihrem Mitarbeiter geführt, sollten Sie die Ergebnisse unbedingt schriftlich festhalten. Das muss nicht viel sein, aber beantworten Sie die wesentlichen Fragen:

WER tut WAS bis WANN?

Ein kurzes Protokoll, das Ihnen und Ihrem Mitarbeiter diese Fragen beantwortet und gleichzeitig eine Leitlinie für zu erledigende Aktivitäten ist, bedeutet eine effektivere Steuerung und ein gezieltes Controlling. Dieses Protokoll geht natürlich auch an den Mitarbeiter.

Gab es im Gespräch kritische Diskussionen und deutliche Meinungsverschiedenheiten, ist es noch wichtiger, die Ergebnisse festzuhalten. Lassen Sie Ihren Mitarbeiter mit unterschreiben, damit Sie sich später beide gut und richtig an Ihre Absprachen erinnern können.

Zur Nachbereitung gehört es auch, eine kurze persönliche Bilanz ziehen. Nutzen Sie die Chance, das Gespräch Revue passieren zu lassen und auszuwerten.

- Sind Sie mit dem Verlauf und den Ergebnissen zufrieden?

- Lief es so, wie erwartet oder gab es überraschende Reaktionen Ihres Gegenübers und wenn ja, aus welchem Grund?

Um mit der Gesprächsnachbereitung Ihre Gesprächsführung zu optimieren, können Sie nachfolgende Checkliste nutzen. Sie bietet Ihnen die Chance, aus jedem Gespräch zu lernen und Ihre Führungskompetenzen zu verbessern.

Checkliste: Erfolgskontrolle des Gesprächs

Frage	Antwort
War ich richtig vorbereitet?	
Wenn nicht, was hätte ich besser vorbereiten können?	
Konnte ich mein Ziel erreichen?	
Wenn nein, warum nicht?	
Waren meine Argumente durchdacht? War die Argumentation richtig?	
Wenn nicht, warum nicht?	
Habe ich den Partner von meiner Sicht überzeugen können?	
Welches waren die entscheidenden Argumente?	
Konnte ich die Vor- und Nachteile deutlich machen?	
Gab es Widerstände? Wenn ja, welche?	
Gab es Überraschungen für mich im Gespräch, unsichere Situationen?	

War das Gespräch wirklich partnerschaftlich?	
War mein Auftreten und Verhalten richtig?	
Wenn nicht, was werde ich ändern?	

Dokumentation

Wie bereits beschrieben, sollten Sie Ihre Gesprächsergebnisse und Vereinbarungen unbedingt schriftlich festhalten. Nur so können Sie kontinuierlich Entwicklungsfortschritte identifizieren und überprüfen, ob Absprachen eingehalten und umgesetzt werden (von beiden Seiten).

Sie schaffen für sich und Ihre Mitarbeiter eine verbindliche und überprüfbare Grundlage für alle Folgemaßnahmen. Dieses „Ergebnisprotokoll" bildet die Basis für Ihr nächstes gemeinsames Gespräch und spart Zeit bei der nächsten Gesprächsvorbereitung. Anhand einer Dokumentation können Sie die erreichten Fortschritte erkennen und weiter darauf aufbauen. Konnten Vereinbarungen nicht erfüllt werden, gilt es jetzt gemeinsam zu überprüfen, welche Hindernisse aufgetaucht sind und wie sie beseitigt werden können. Damit erhalten Sie die Chance, gemeinsam die Weichen richtig zu stellen.

Es ist wichtig, die Gesprächsprotokolle so ausführlich zu gestalten, dass ggf. auch für nicht am Gespräch beteiligte Personen (z. B. neuer Vorgesetzter, Personalentwicklung) deutlich erkennbar ist, welche Absprachen, Maßnahmen, Qualifikationen und veränderte Verhaltensweisen vereinbart wurden. Halten Sie deshalb alle Ziele und sonstigen Absprachen schriftlich differenziert fest. Auch die Einschätzung beider

Seiten bezüglich des Ergebnisses soll festgehalten werden. Orientieren Sie sich an unserem auf der nächsten Seite folgenden Beispiel für eine Ergebnisdokumentation.

Dokumentation der Ergebnisse eines Feedbackgesprächs

Anlass: _____

Gesprächspartner: _____

Ort: _____ Datum/Uhrzeit: _____

Feedback zu den Vereinbarungen des letzten Gesprächs:
_____

Arbeits- und Zusammenarbeitssituation des Mitarbeiters:
_____

Feedback der Führungskraft:
_____

Angestrebte Verbesserungen in Leistung und Zusammenarbeit:
_____

Übertragene Aufgaben und Arbeitsschwerpunkte:
_____
–

Maßnahmen zur Förderung des Mitarbeiters:
_____
–

Feedback des Mitarbeiters an die Führungskraft:
_____
–

Zusammenfassung der Vereinbarungen:

_____

Nächster Gesprächstermin: _____

_____ _____
Datum/Unterschrift Führungskraft Datum/Unterschrift Mitarbeiter

---

Die Kunst, verständlich zu kommunizieren

Sich perfekt auf das Geben von Feedback vorzubereiten ist die eine Seite der Medaille. Doch kennen Sie das? Sie führen ein Gespräch und Ihr Gegenüber benutzt so viele unklare, schwammige und abstrakte Wörter und Begriffe, dass es sehr schwerfällt, ihm zu folgen. Gerade im beruflichen Umfeld neigen viele Menschen dazu. Selbst der bereitwilligste Zuhörer wird Ihren Ausführungen überdrüssig werden und bereits nach wenigen Minuten sprichwörtlich abschalten. Auch wenn Sie zu viele ungebräuchliche Fremdwörter benutzen, laufen Sie Gefahr eine derartige Reaktion zu erleben. Führen Sie sich vor Augen, dass Sie die hierarchisch höhergestellte Position, die Sie innehaben, nicht mit einer abgehobenen Sprache untermauern müssen. Vielmehr wollen Sie, gerade wenn es darum geht, Ihrem Mitarbeiter angemessen Feedback zu geben, Brücken zwischen Ihnen und Ihrem Mitarbeiter schlagen, und das gelingt Ihnen am besten über eine klare, einfache und verständliche Sprache.

Ein gutes Mittel, um gehört und vor allem auch verstanden zu werden, ist das Reden in Bildern und Metaphern. Auch sollten Sie so viele Beispiele wie möglich in Ihre Ausführungen integrieren, so dass beim Zuhörer keine Langeweile aufkommen kann. Formulieren Sie Ihre Sätze kurz und präzise und sagen Sie deutlich, worauf Sie hinaus möchten.

Sollte Ihr Gesprächspartner zu einer unverständlichen Ausdrucksweise neigen, so weisen Sie ihn charmant darauf hin, mit der Begründung, sehr an seinen Darlegungen interessiert zu sein und deshalb alles genau verstehen zu wollen. Auf der nachfolgenden Seite zeigen wir Ihnen Beispiele für typische Fehler und wie Sie es besser machen können.

Typische Fehler	Wie geht es besser?
Zu leise reden, zu schnell, zu unverständlich	Formulieren Sie Ihre Argumente in angemessener Lautstärke, deutlich, kurz und prägnant in ruhigem Tempo.
Nur halb zuhören	Sie enthalten u. U. wichtige Informationen vor. Genau hinhören und fragen, fragen, fragen!
Kein Blickkontakt	Sie suggerieren dem Gegenüber Unsicherheit oder Desinteresse. Schauen Sie ihm freundlich in die Augen, aber bitte nicht anstarren.
Keine Ablaufplanung	Strukturieren Sie Ihre Gespräche, denn eine vage Struktur führt auch zu vagen Ergebnissen.
In Selbstdarstellungen schwelgen	Nehmen Sie eher die Rolle des Lernenden als des Wissenden ein.
Dem Gegenüber zu viel Raum lassen	Lenken Sie durch gezielte Fragen immer wieder zu Ihren Gesprächszielen über.
Das ganze „Pulver auf einmal verschießen"	Sprechen Sie zentrale Punkte nach und nach an. Heben Sie sich auch bedeutsame Punkte für den späteren Gesprächsverlauf auf.
Einwände ignorieren	Vertuschen Sie Zweifel nicht, sondern versuchen Sie, die Einwände des Gegenübers schon vorweg zu nehmen.
Keinen Verhandlungsspielraum haben	Überlegen Sie sich vorher, welche Kompromisse Sie eingehen können und wo Ihre Schmerzgrenze liegt.
Die Fassung verlieren	„Bist du wütend, zähl' bis vier. Hilft das nicht, dann explodier'."(Wilhelm Busch)

Überarbeitet nach Rolf Kathagen, Essen

Sigmund Freud vertrat die Meinung, dass unser Handeln zu 1/5 von unserem Verstand und zu 4/5 von unserem Unterbewusstsein beeinflusst wird. Das Eisbergmodell des Unterbewussten, welches Sie auf der nachfolgenden Seite (Abb. 12) finden, macht seine Vorstellungen bildlich: Unser Verhalten wird überwiegend durch unsere Wünsche, Gefühle, Bedürfnisse, Erinnerungen, Erfahrungen, Triebe und Instinkte bestimmt.

Dieses Modell trifft auch auf Ihre Kommunikation zu: man geht davon aus, dass von Ihrem gesamten Kommunikationsverhalten, d. h. von allen Botschaften und Signalen, die Sie Ihrem Gesprächspartner vermitteln, nur 20 % über die Sprache laufen. 80 % der empfangenen Informationen sind nonverbaler Art. Hierzu zählen Ihre Gestik und Mimik, der Klang und die Tonlage Ihrer Stimme, Ihre Körperhaltung, Ihre Kleidung und Accessoires, die Sie bei sich tragen.

Obwohl sich die Aufnahme non-verbaler Informationen zumeist auf unbewussten Kanälen abspielt, können wir Sie dennoch bewusst einsetzen. Achten Sie beim nächsten Gespräch das Sie führen, auf Ihre Körpersprache und steuern Sie die Signale, die Sie aussenden, indem Sie z. B. auf eine aufrechte Körperhaltung achten. Dadurch wird Ihr Auftreten selbstbewusster und Sie wirken zugleich positiv auf den Klang und die Tonlage Ihrer Stimme ein.

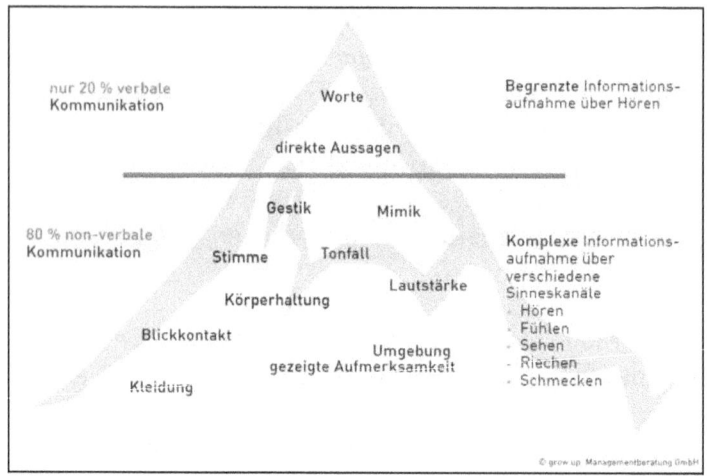

Abb. 12: Das Eisberg-Modell

Der Einfluss Ihrer inneren Haltung auf Ihre Gesprächsergebnisse

Langfristig tragfähige Lösungen und Gesprächsergebnisse mit Ihren Mitarbeitern erreichen Sie nur auf dem Boden einer wertschätzenden, konstruktiven Beziehungsebene. Dabei spielt auch eine tragende Rolle, welche innere Haltung Sie sich selbst gegenüber hegen.

Es gibt vier verschiedene, kombinierte Wertschätzungshaltungen, die sich in Ihren (Feeback-) Gesprächen, Diskussionen oder Verhandlungen verbal oder nonverbal ausdrücken:

Ich bin nicht o.k. – Du bist nicht o.k.

Diese Haltung ist geprägt von Gefühlen der Hoffnungslosigkeit, Zweifel und Selbstzweifel. Man glaubt nicht, dass ein positives Gesprächsergebnis möglich ist. Man wertet den Gesprächspartner und sich selbst durch verbale und nonverbale Signale ab. Mit dieser Einstellung ist ein negatives Gesprächsergebnis vorprogrammiert.

Ich bin o.k. – Du bist nicht o.k.

Man fühlt sich dem Gesprächspartner überlegen, setzt Machtsymbole ein und versucht, den Gesprächspartner zu kontrollieren. Man will gewinnen, der andere soll verlieren. Dies mündet häufig in Befehlen, Anweisungen oder Kritik. Es kommt leicht zum Streit oder zu einem angepassten, passiven Verhalten mit Rachegelüsten.

Ich bin nicht o.k. – Du bist o.k.

Man sieht den Gesprächspartner als überlegen, wertet sich daher selbst ab und den anderen auf. Typische Signale dafür sind Ja-Sager-Haltung, ständige Entschuldigungen, leise Stimme, gebückte Körperhaltung, Bemühen, dem anderen zu gefallen und Selbstabwertung. Trotz der Aufwertung des Gegenübers kann es passieren, dass man Ablehnung erfährt. Auch diese Einstellung führt niemals zu einem gewinnbringenden Gesprächsergebnis.

Ich bin o.k. – Du bist o.k.

Ausschließlich diese Haltung führt zu einer konstruktiven und realistischen Einschätzung der Situation. Beide Gesprächspartner wollen zu einer guten Lösung/einem guten Ergebnis kommen. Wenn sich beide akzeptieren und gemeinsame Regeln vereinbaren, können auch gemeinsam getragene Ergebnisse entstehen. Man achtet den Gesprächspartner und hält sich selbst für wichtig und ebenbürtig.

Wenn sich Gesprächspartner auf dieser Basis begegnen, werden sie Verhaltensweisen zeigen, die auf Anerkennung, Wertschätzung und gemeinsame Problemlösung ausgerichtet sind.

Die Kunst zu fragen

Sie wissen inzwischen, dass ein Grundpfeiler der Gesprächsführung das Fragen bzw. Nachfragen ist. Doch wie verwen-
det man dieses Kommunikationsmittel richtig? Zunächst: Es
gibt keine dummen Fragen außer denen, die nicht gestellt
werden. Fragen sind der einzige Weg, um gezielt an Informationen zu gelangen und das eigene Wissen bezüglich der
Motive, Meinungen und Wünsche des Gesprächspartners zu
erweitern. Außerdem wecken Fragen Sympathie, denn sie
signalisieren Ihrem Gegenüber Ihr Interesse an seiner Meinung und nicht zuletzt an seiner Person.

Es gibt verschiedene Arten zu fragen und unterschiedliche
Fragen erfüllen natürlich unterschiedliche Zwecke. Diese
können vom reinen Informationsgewinn über Wertschätzung bis hin zur gezielten Manipulation reichen. Die nachfolgende Tabelle bietet Ihnen noch einmal einen Überblick und
hilft Ihnen, sie gezielt anzuwenden:

Frageformen und ihre Anwendungsgebiete

Frageform	Beispiel	Anwendungsgebiete
Offene Frage	„Welche Maßnahmen halten Sie für geeignet?"	Gesprächsbeginn Informationsgewinn Universell einsetzbar
Motivierende Frage	„Was sagen Sie als Spezialist dazu?"	Atmosphäre schaffen Wertschätzung ausdrücken
Informations-frage	„Welche Weiterbildungen haben Sie bereits gemacht?"	Informationsgewinn über die Person

Geschlossene Frage	„Können Sie mir die Unterlagen noch nachreichen?"	Steuerung des Themas Gewünschte klare Positionierung Gesprächsabschluss
Kontrollfrage	„Stimmen Sie meiner Überlegung zu?"	Verständniskontrolle Auch am Gesprächs-Ende
Alternativ-frage	„Teilen wir diese Ansicht oder…?"	Positionierung erreichen Wahlfreiheit bieten
Rhetorische Frage	„Sie haben sich doch über das Thema informiert?"	Indirekte Erwartungshaltung
Angriffsfrage	„Wollen oder können Sie nicht…?"	Diskussion anregen Aus der Reserve locken

Exkurs: Die Generation Y und der Wunsch nach (be)-ständigem Feedback

Das Thema wird beschrieben, studiert und analysiert: Die jungen Generationen Y und Z und die neuen Anforderungen, die an Sie als Führungskraft und Ihre Mitarbeiterführung gestellt werden. Kaum hat man eine Studie gelesen, die die Andersartigkeit der nachwachsenden Generationen belegen will, erscheint schon eine neue.

Ganz generell: Wir sind der Überzeugung, dass sich alle Generationen etwas von den vorhergehenden unterschieden haben. Menschen, die zu ähnlicher Zeit ähnliche Lebensphasen durchlaufen, entwickeln gewisse Grundprägungen und Überzeugungen, Meinungen und Werte. Diese Einstellungen dienen oft nicht zuletzt der Abgrenzung gegenüber den älteren Generationen, mal mehr, mal weniger rebellisch.

Die individuellen Unterschiede zwischen den Menschen einer Generation sind weitaus größer und vielfältiger als die Unterschiede zwischen den Generationen. Diese lassen sich häufig nur in wenigen soziologischen Variablen stabil nachweisen und verändern sich eher graduell über den Generationenfolge hinweg.

Wer ist denn die Generation Y?

Zu der Generation Y gehören diejenigen Mitarbeiter, die in den Achtzigerjahren des vergangenen Jahrhunderts geboren wurden und Ende der 2010´er Jahre gerade in der Phase sind, zu heiraten, Kinder zu bekommen und Karriere zu machen. Man nennt sie „Y", weil es im Englischen ausgesprochen wird wie „why", also: „warum". Warum? Weil sie alles hinterfragen. Diese Generation ist damit aufgewachsen, dass sie schon immer eine Wahl hatten. Von ihren Eltern (deren Aufmerksamkeit war ihnen jederzeit gewiss) gefördert und für jede Handlung gefeiert, durften sie bereits mitbestimmen, wohin der nächste Urlaub gehen sollte, was Mutti auf den Tisch bringen durfte oder wann das Sonntagskaffeekränzchen bei Oma beendet war oder nicht.

Also: Sich frei entfalten und verwirklichen zu können, wurde ihnen bereits in ihrer Kindheit angewöhnt und stellt als logische Konsequenz heute eine der Grundanforderungen an ihren Arbeitsplatz dar. Arbeit als Leidenschaft und Selbstverwirklichung, nicht als Job, der die Miete zahlt. Der Wunsch nach flexiblen Arbeitszeitmodellen, um im Privatleben in nichts zurückstecken zu müssen, ist zudem so groß, dass bei Nichterfüllung ein Unternehmen auch ohne zurück zu blicken von ihnen wieder verlassen wird. Empfinden sie die Bedingungen allerdings als gut und erkennen sie in ihren Aufgaben einen Sinn, wird der Generation Y eine Leistungsbereitschaft nachgesagt.

Dazu kommt, dass die Kinder der Generation Y als erste mit digitalen Medien aufgewachsen sind, weshalb sie auch als Digital Natives (Digitale Eingeborene) bezeichnet werden. Sie nutzen diese sehr umfassend und für sie gibt es meist keine Trennung mehr von realer und virtueller Lebenswelt. Es ist für sie selbstverständlich und notwendig, dass diese auch an ihrem Arbeitsplatz zur Verfügung stehen und genutzt werden dürfen. Digitale Medien und das Internet sind dabei gleichzeitig Zugang zu Netzwerken (beruflich und privat), Möglichkeit des sozialen Austauschs, Quelle von Informationen und Plattform zum Wissensaustausch.

| Charakterisierungen der Generation Y:

Stärken:

- sind leistungsorientiert
- arbeiten gut im Team
- können gut mit Technik umgehen
- arbeiten lösungsorientiert
- sind multitaskingfähig

Schwächen:

- wollen ständiges Feedback
- brauchen detaillierte Beschreibungen der Aufgabe und Zielvorgaben
- erwarten persönliche Betreuung
- neigen zur Selbstüberschätzung

Quelle: KPMG, Forrester Consutling/Xerox

Wer ist denn die Generation Z?

Der Generation Y folgt (dem Alphabet folgend) die Generation Z. Zu der Generation Z gehören die ab dem Jahr 1995 Geborenen, die heute gerade in der Ausbildung sind, im Studium stecken oder die ersten Schritte auf dem Arbeitsmarkt machen. Auch diese neue Generation wuchs in einem besonderen Kontext auf: Sie standen im Mittelpunkt, wurden einbezogen, motiviert, gelobt, ihr Selbstbewusstsein wurde gefördert. Sie sind gut darin, offen ihre Meinung zu vertreten und Kritik anzubringen.

Zwar wünscht sich die Generation Z eine starke und positive Feedbackkultur, doch wer weder von Eltern noch von Lehrern Korrekturen und Grenzen erfahren hat, kann häufig mit Kritik nicht gut umgehen.

Hat die Generation Y in ihrem Beruf noch eine gewisse „Berufung" gesucht (zumindest zu Beginn), verhält sich die

Generation Z viel distanzierter. Der Arbeitgeber hat keinen besonders hohen Stellenwert, auch das konkrete Arbeitsklima und direkte Arbeitsumfeld verliert an Bedeutung. Wie auch die Generation Y werden sie leichten Fußes weiterziehen, wenn ihnen etwas nicht passt.

Statt leistungsorientierter Bezahlung wird häufig ein Festgehalt bevorzugt, am liebsten mit Wachstumsgarantie. Eine Arbeit im öffentlichen Dienst, abgesichert und in der Karriere vorhersehbar steigt an Attraktivität.

Menschen der Generation Z sind bescheidener und mit einem hohen Realismus und Pragmatismus ausgestattet. Da man im Zeitalter des Internets über alles informiert ist und sich alles in Reichweite befindet, bleibt wenig Raum für Träume und Visionen.

Die zu der Generation Z gehörenden Menschen waren schon im frühen Kleinkindalter mit Smartphones oder Tablet-PCs in Kontakt, weshalb digitale Technologien beruflich wie privat völlig selbstverständlich genutzt werden und auch nicht mehr großartig reflektiert werden.

Sie sind seit dem Kindesalter Teil der Digital Natives, im Unterschied zu der Generation Y, die erst im jugendlichen Alter z. B. Touchscreens kennenlernten. Sie nutzen Laptops, Smartphones, Tablets usw., um Informationen schnell zu beschaffen und zu teilen. Eine Chance wahrgenommen zu werden, haben aber nur noch die Informationen, die wirklich interessieren. Denn wer jederzeit und überall erreichbar ist und mit Informationen überflutet wird, hat keine Zeit für lange Aufmerksamkeitsspannen.

Getreu ihrem Motto YOLO („You only live once") strebt die Generation Z nach maximaler Freiheit und Freizeit. Das führt zu Widerständen gegen alte Strukturen, Regeln und Ansichten („Ich lasse mir nicht vorschreiben, wie ich meine Aufgabe zu erledigen habe!", „Führung alter Schule passt nicht zu uns!", usw.). Dazu kommen der Wunsch nach einem pünktlichen Feierabend und die Ablehnung der Arbeit im Home-Office mit ständiger Erreichbarkeit. Es sollte pünktlich mit der Arbeit Schluss sein. Fördert man ihre persönliche Entfaltung, ihren Wunsch nach Flexibilität und Eigenständigkeit und schafft es dann noch, Sinn in spannenden Projekten zu stiften, erntet man bei der Generation Z Willen und Hingabe an der Sache.

Charakterisierungen der Generation Z:

Stärken:

- äußern ihre Meinung und Kritik ohne Scheu
- realistisch
- pragmatisch
- arbeiten selbstverständlich mit digitalen Medien
- wünschen sich starke/positive Feedback-Kultur

Schwächen:

- erwarten eine hohe Aufmerksamkeit für ihre Bedürfnisse
- wenig kritikfähig
- illoyal
- brauchen Sicherheit
- wollen maximale Freiheit und Freizeit
- erwarten klare Trennung von Arbeit und Freizeit

Was heißt das für Sie und das Feedbackgeben an die Generation Y und Z?

Den Digital Natives der Generationen Y und Z sagt man nach, dass sie geradezu rückmeldungssüchtig seien. Zu erfahren, wie andere über sie denken – davon können sie gar nicht genug bekommen: Haben Sie im Web etwas gepostet, hagelt es Kommentare dazu, wer bei ebay ein schnell und gut agierender Verkäufer ist, bekommt fünf Sterne und jedes geerntete „Like" auf Facebook wirkt wie ein Schulterklopfen.

Durch ihre Erziehung und die dadurch gewonnenen Gewohnheiten, dass sie individuell behandelt werden, ihre emotionalen Befindlichkeiten berücksichtigt werden, dass sie viel Verständnis bei Fehlern erfahren und jederzeit unterstützt werden, ist die Gewöhnung an ein offenes und ständiges Feedbacks entstanden. Während es bei früheren Führungskräfte-Generationen noch hieß: „Wenn kein Feedback kommt, ist alles ok", könnte dieses Ausbleiben den haltgebenden Rahmen vorenthalten.

Durch die scheinbare Vielfalt der heutigen Möglichkeiten und den Wegfall resilienzaufbauender Bewährungsmöglichkeiten (Helikoptereltern), sind junge Menschen aktueller Generationen häufig zwar äußerlich selbstsicherer, innerlich aber unsicherer als die Generationen vorher.

Was die Generationen Y und Z brauchen, sind Führungskräfte, die auf ihre Bedürfnisse eingehen. Sie wünschen sich von Ihnen Aufmerksamkeit, Fürsorge, Mitsprache und intensives Feedback sowie Struktur, Anleitung und klar definierte Ziele.

Um den entsprechenden Anforderungen an die Art und die Gestaltung von Feedback gerecht werden zu können, empfehlen wir Ihnen das folgende Vorgehen:

Bieten Sie:

- regelmäßiges kurzes Feedback (idealerweise mehrmals wöchentlich, ausführlichere Gespräche im Monatsturnus)

- Feedback mit Anerkennung der Leistung und konkreten Beispiele für Verbesserungspotential,

- Feedback nach erledigten Aufgaben,

- Zeitnahe Rückmeldung bei Fragen,

- zum Feedback auch Messgrößen für den Erfolg, wie z. B. Umsatz, verkaufte Mengen, Kundenrückmeldungen o. Ä.,

- regelmäßige Treffen, um mögliche Konflikte bereits in der Entstehungsphase zu entschärfen.

Die jungen Generationen und gesellschaftliche Trends

Für Ihren Umgang mit den jüngeren Generationen Y und Z können Ihnen unsere Empfehlungen nur Anhaltspunkte geben. Die individuellen Unterschiede zwischen den Personen sind aus unserer Sicht viel bedeutsamer als die durch die Kultur geprägten Unterschiede.

Die meisten Aussagen, die über die jungen Generationen getroffen werden, stellen Verallgemeinerungen dar und die Untersuchungen unterliegen den üblichen soziometrischen Unschärfen.

Aus eigener Erfahrung können wir allerdings bestätigen, dass die Generation-Y-Mitarbeiter viel deutlicher kommunizieren und einfordern, was sie sich von ihrer Führungskraft und ihren Arbeitsbedingungen wünschen.

Dies schließt allerdings auch nicht aus, dass die älteren Generationen die gleichen Wünsche hegen. Betrachtet man z. B. die Ergebnisse der Orizon Studie „Arbeitsmarkt 2014 –

Perspektive der Arbeitsnehmer", bei der über 2.000 Arbeitnehmer und Arbeitssuchende nach jenen Leistungen befragt wurden, die einen Arbeitgeber für sie besonders interessant machen, so wünschen sich auch die älteren Generationen gar nichts großartig anderes als die Generation Y. Nämlich: Jobsicherheit, leistungsgerechte Bezahlung, flexible Arbeitszeiten und kurze Wege zwischen Wohnort und Arbeitsstelle.

Daher kann man die Phänomene der „Generation Y und Z" auch als Trends verstehen, die letztendlich in der gesamten Gesellschaft festzustellen sind. Der Wunsch nach Mitbestimmung und Selbstbestimmung wird lauter und Unternehmen und ihre Führungskräfte sollten sich darauf einstellen.

Quellen:
Fülbeck, T. (2015). **Illoyal, verwöhnt, visionsfrei: Warum die Arbeitswelt vor der Genration Z zittert.** The Huffington Post.
Scholz, Dr. C. (2015). **Generation Y plus Generation Z.** Human Resources Manager.

Schlusswort

Mit unserem Buch aus der grow.up.-Reihe *Führung TO GO* besitzen Sie nun das notwendige Rüstzeug für erfolgreiche Feedbackgespräche. Sie haben die grundsätzlichen Regeln für das professionelle Ansprechen von Anerkennung und Kritik kennengelernt und wissen nun, was zu einer kompetenten Gesprächsvorbereitung, -strukturierung, -nachbereitung und -dokumentierung dazugehört.

Wir haben Ihnen vorgestellt, wie Sie anhand eines Persönlichkeitsmodells die verschiedenen Verhaltenspräferenzen Ihrer Mitarbeiter noch besser erkennen, ihre Anliegen, Befürchtungen oder was sie motiviert besser verstehen, und vor allem, wie Sie am besten mit ihnen sprechen, um noch differenzierter Feedback geben zu können, das wirklich ankommt.

Des Weiteren haben wir Sie angeregt, über Ihre Art zu kommunizieren und Ihre innere Einstellung zu sich und anderen zu reflektieren, da auch diese Punkte großen Einfluss auf Ihre Gesprächsergebnisse ausüben. Wir hoffen, die vorgestellten Kommunikationsmittel erweisen sich als hilfreich.

Sicherlich gibt es an der einen oder anderen Stelle noch Vertiefungsbedarf, doch der Grundstein für fruchtbare Feedbackgespräche ist gelegt.

Damit Sie sich die im Buch abgedruckten Checklisten, Formulare und Tabellen herunterladen zu können, besuchen Sie bitte unsere Website **www.grow-up.de** und klicken Sie am Ende der Seite auf **Kundenlogin**. Wenn Sie dort die nachfolgenden Zugangsdaten eingeben, können Sie sich das Arbeitsmaterial downloaden:

Benutzername: Feedbackkompetenz
Passwort: Feedback

Weitere Informationen zum Thema Feedback und zu allen anderen Führungsthemen finden Sie ebenfalls auf unserer Seite unter **www.grow-up.de**.

Abonnieren Sie auch unseren Blog unter **blog.grow-up.de**. Wir schreiben regelmäßig zu Führungsthemen. Auch in den sozialen Medien sind wir vertreten. Wir bleiben so gerne in Kontakt mit Ihnen.

Unseren **YouTube-Kanal** finden Sie unter folgendem QR-Code:

  Hier finden Sie **weiterführende Videos.**

Oder besuchen Sie uns auf **Facebook** oder **Instagram**:

Ihre
Rezension

Senden Sie uns Ihre Meinung/Anmerkungen/ Fragen zu unserem Buch entweder per Mail an **lorenz@grow-up.de** oder machen Sie uns die Freude, und hinterlassen Sie uns Ihre Rezension direkt auf amazon.de.

Vielen Dank!

Weitere spannende und hilfereiche Bücher aus unserer Reihe finden Sie auf amazon.de:

- Junge Generationen wirksam führen
  ISBN: 979-8308001089
- Erfolgreiche Führung durch Storytelling
  ISBN: 979-8337841717
- Erfolgreiche Führung durch Resilienz und Stressmanagement, ISBN: 979-8328985710
- Wertschätzung als Instrument guter Führung
  ISBN: 979-8322682387
- Coachingkompetent als Führungskraft
  ISBN: 979-8393644987
- Erfolgreiche Führung mit dem Vierfarben-Modell
  ISBN: 978-1540333735
- Erfolgreiche Führung durch Selbstführung
  ISBN: 978-1523421688
- Erfolgreiche Führung durch Kommunikation
  ISBN: 978-1523423682
- Erfolgreiche Führung durch Delegation
  ISBN: 978-1518717291
- Feedbackkompetenz für Führungskräfte
  ISBN: 978-1548914868
- Erfolgreiche Führung durch Motivation
  ISBN: 978-1517749477
- Leadership Culture. Führungskultur verstehen und leben
  ISBN: 978-1983590245
- Agilität einfach erklärt, ISBN: 979-8610628653
- Scrum einfach erklärt, ISBN: 979-8619242232
- Design Thinking einfach erklärt, ISBN: 979-8652370466

Glossar

Akronym

Das Akronym ist ein Sonderfall der Abkürzung. Als Akronym wird ein Kurzwort bezeichnet, das aus den Anfangsbuchstaben mehrerer Wörter gebildet wird.

Literaturempfehlungen

Führung

- Lorenz, M., Eichsteller, H.: Fit für die Geschäftsführung im digitalten Zeitalter. Frankfurt am Main: Campus Verlag, 2019

- Lorenz, M., Rohrschneider, U.: Praxishandbuch Mitarbeiterführung. 4. Aufl. Freiburg: Haufe-Lexware Verlag, 2019

- Lorenz, M., Rohrschneider, U.: Praktische Psychologie für den Umgang mit Mitarbeitern. 2 Aufl. Wiesbaden: Springer Gabler Verlag, 2014

- Rohrschneider, U.: Macht, Neugier, Team…. Wiesbaden: Gabler Verlag, 2011

Personalmanagement

- Lorenz, M., Rohrschneider, U.: Der Personalentwickler. Wiesbaden: Gabler Verlag, 2010

- Lorenz, M., Rohrschneider, U.: Erfolgreiche Personalauswahl. Wiesbaden: Gabler Verlag, 2009

- Rohrschneider, U., Friedrichs, S., Lorenz, M.: Erfolgsfaktor Potenzialanalyse. Wiesbaden: Gabler Verlag, 2010

- Lorenz, M., Rohrschneider, U.: Praxishandbuch für Personalreferenten. Frankfurt: Campus Verlag, 2007

Die Autoren

 **Michael Lorenz** ist Geschäftsführer der grow.up. Managementberatung GmbH in Gummersbach. Vorher war er langjährig Geschäftsführer und Partner der Kienbaum Management Consultants GmbH und leitete den Geschäftsbereich Human Resources Management.

Michael Lorenz berät nationale und internationale Kunden seit 1988 in Fragen der Strategie, der Personalentwicklung und der Management-Diagnostik. Schwerpunkte seiner Arbeit liegen in der Prozessbegleitung und Moderation von strategischen Neuausrichtungs- und Umstrukturierungsprozessen sowie in der Ausrichtung von Servicebereichen. Weitere Schwerpunkte liegen in Trainings und Workshops für Manager und Führungskräfte in den Themenfeldern Management, Führung und Vertrieb und in der Konzeption, Implementierung und Projektleitung bei Personalentwicklungsprojekten.

In individuellen Coachings begleitet Michael Lorenz Manager bei persönlichen Veränderungs- und Entwicklungsprozessen in Führungs- und Positionierungsfragen. Er hat zahlreiche Artikel und Bücher zum Themenfeld Management, Führung und Human Resources veröffentlicht.

 **Ilona Haselbach** ist seit 2001 für die grow.up. Managementberatung GmbH in Gummersbach tätig. Neben ihrer Tätigkeit als Assistentin der Geschäftsleitung hat Sie viele der Buchprojekte der grow.up. Managementberatung redaktionell betreut.

Seit 2013 leitet Sie die Redaktion der grow.up. und ist ebenfalls für Lektorat und Vermarktung verantwortlich.
Ilona Haselbach ist Autorin zahlreicher Buchbeiträge und schreibt immer wieder für den grow.up.-Blog zu Themen der Führung und der Human Resources. Ilona Haselbach ist ausgebildeter Reiss Profile® Master.